TopSpot
GUIDE

Schloss Nymphenburg

Das Lustschloss der Wittelsbacher

Isabella Schinzel
Eric-Oliver Mader

INHALT

NYMPHENBURG – DAS SOMMER- UND LUSTSCHLOSS

Nymphenburg – das Sommer- und Lustschloss der Wittelsbacher: ein herrliches Barockschloss, woran ein weitläufiger Park mit verspielten Parkschlösschen, klaren Seen, Kaskaden und Fontänen grenzt

Wir bedanken uns bei der Bayerischen Schlösser- und Seenverwaltung für die freundliche Unterstützung und die intensive Zusammenarbeit.

Führung durch das Schloss

Nordflügel

Südflügel

Führung durch den Schlosspark

Geschichte um das Schloss

Tägliches Leben auf dem Schloss

Karten

Führung *durch das* Schloss

Südflügel

Appartement der Kurfürstin

10| Erstes Vorzimmer
11| Audienzzimmer
12| Schlafzimmer
13| Chinesisches Lackkabinett

Südliche Galerie

14| Südliche Galerie
14 a/b | Arbeitskabinett

Südlicher Pavillion / Appartement der Königin

15| Schönheitsgalerie König Ludwigs I.
16| Maserzimmer
17| Kabinett
18| Kleine Galerie
19| Blauer Salon
20| Schlafzimmer der Königin

Mittelbau

1| Festsaal

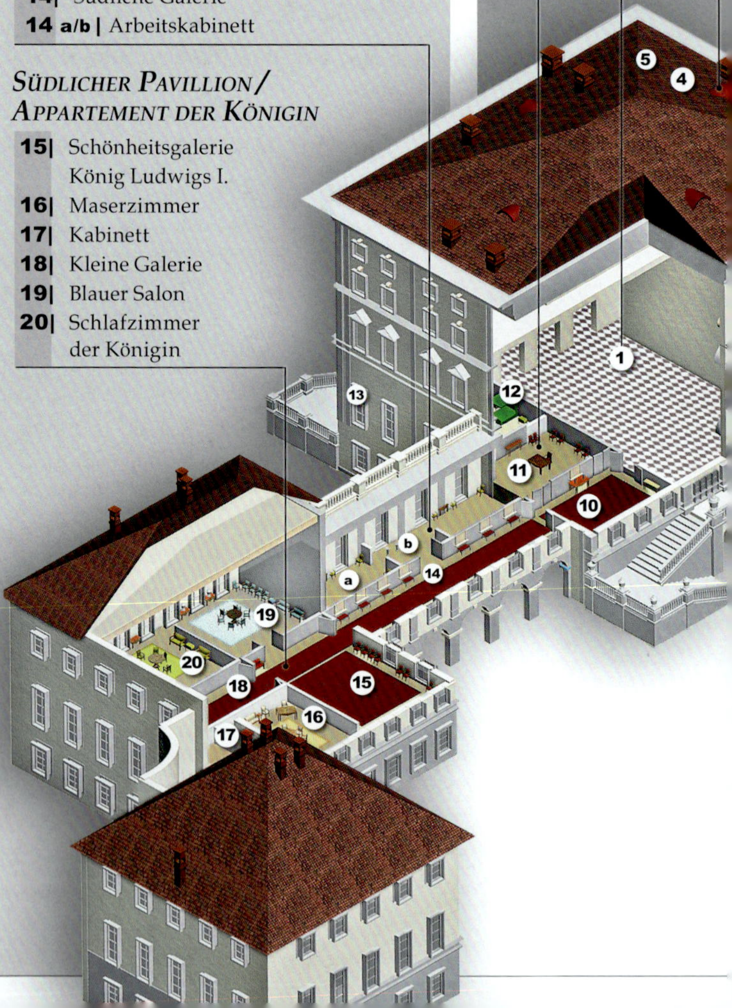

NORDFLÜGEL

APPARTEMENT DES KURFÜRSTEN

2| Vorzimmer
3| Gobelinzimmer
4| Schlafzimmer
5| Nördliches Kabinett

NÖRDLICHE GALERIE

6| Schönheitsgalerie Max Emanuels
7| Wappenzimmer
8| Karl-Theodor-Zimmer
9| Nördliche Galerie

21| SCHLOSSKAPELLE

ÜBERBLICK

ÜBER DAS SCHLOSS

Schloss Nymphenburg diente – im Gegensatz zur Münchner Residenz – als Lustschloss und Sommerresidenz der bayerischen Kurfürsten und Könige – in dem prachtvollen Schloss in dem herrlichen Park mit den raffinierten Wasserspielen erholte man sich bei opulenten Festivitäten vom regieren.

Die Schlossanlage besteht aus mehreren quadratischen Pavillons, die zum Teil durch lang gestreckte Galerien miteinander verbunden sind. Ein weitläufiger Schlosspark umgibt Schloss Nymphenburg im Osten, im Westen schließt sich das Große Gartenparterre an.

Im Nordflügel des Schlosses können das Appartement des Kurfürsten sowie die Nördliche Galerie besichtigt werden; im Südflügel die Appartements der Kurfürstin und der Königin sowie die Südliche Galerie. Der prachtvolle Steinerne Saal im Mittelgebäude verbindet Nord- und Südflügel miteinander.

STEINERNER SAAL

Raum Nr. 1

Über die prachtvolle Freitreppe gelangt man zum Prunkstück der Schlossanlage: dem üppig verzierten Steinernen Saal. Weiches Licht durchflutet den hohen, eleganten Festsaal. Gegenüber geben die großzügigen Fenster einen wunderbaren Blick auf die herrliche Parkanlage frei.

Weiße und goldene Säulen schmücken die Wände, prachtvolle Kristalllüster hängen von der Decke und kunstvolle Stuckelemente und Skulpturen umrahmen die Fresken an Wänden und Decke.

Die monumentale Raumschöpfung geht auf Kurfürst Max Emanuel zurück. Kurfürst Max III. Joseph ließ den Saal jedoch zusammen mit zwei weiteren Sälen von 1755 – 1757 umgestalten. Da seitdem nur geringfügige Ausbesserungen vorgenommen wurden, ist der festliche Rokokosaal völlig authentisch erhalten.

Die von Nymphen umgebene **Blütengöttin Flora** *auf dem Deckengemälde ist von besonderer Bedeutung für den Namen des Schlosses.* ▲

◀ *Der* **Steinerne Saal |Nr. 1|** *Unter der Regie von François Cuvilliés d. Ä. gestaltete der berühmte Künstler Johann Baptist Zimmermann die Freskogemälde im Steinernen Saal.*

NORDFLÜGEL

Raum Nr. **2 - 9**

Das **Vorzimmer |Nr. 2|** *In der in Weiß und Gold gefassten Wandtäfelung des Vorzimmers zieren elegante Formen und die Bildnisse von Max Emanuel und seiner Gattin Therese Kunigunde von Polen die Wände über dem Kamin. Therese Kunigunde hatte mit 31 Jahren bereits zehn Kinder.*

Der Nordflügel der Schlossanlage beherbergt die offizielle Wohnung des Kurfürsten: das **Appartement des Kurfürsten** im Mittelbau und eine Raumgruppe im ersten – für Besucher unzugänglichen – Nördlichen Pavillon. Die **Nördliche Galerie** mit einigen weiteren Räumen verbindet Mittelbau und **Nördlichen Pavillon** miteinander.

Appartement des Kurfürsten

Raum Nr. 2 - 5

Zu diesem Appartement gehören **Vorzimmer, Audienzzimmer** und **Schlafzimmer** sowie das **Nördliche Kabinett**. Die kurfürstlichen Appartements sind mit wertvollen französischen Stilmöbeln des 18. Jh. ausgestattet; über jedem Raum prangt eine kostbare Felderdecke. Die kunstvoll gearbeiteten barocken Decken waren um 1675 entstanden und stammen noch aus der ersten Bauzeit.

➤ *Vergoldete Verzierungen schmücken die Gemächer des Kurfürsten.*

Das **Audienzzimmer |Nr. 3|** *Der mittlere Teppich im Audienzzimmer stellt die Jagdgöttin Diana im Kreis ihrer Jägerinnen dar.*

Im ovalen Mittelfeld des Deckengemäldes im **Vorzimmer** wird Ceres, die Göttin des Ackerbaus, von einem Drachengespann in einem Wagen über die Wolken gezogen. Als absolutistischer Herrscher beanspruchte Max Emanuel nicht nur Macht über seine Untertanen, sondern auch über die Natur: Die Kinder auf den Gemälden über den Türen symbolisieren die vier Elemente.

Kostbare Wandteppiche schmücken die Wände des **Audienzzimmers**. Das Gemälde „Triumph der Kriegslist" schmückt die Decke: Neben dem Kriegsgott Mars und der Göttin Minerva ist das Trojanische Pferd abgebildet, das für den Sieg durch Erfindungsgabe steht.

Das **Schlafzimmer |Nr. 4|** *Das mittlere Gemälde zeigt Kurfürst Max III. Joseph.*

Von kunstvollen, vergoldeten Schnitzereien eingerahmt hängt an der Rückseite des **Schlafzimmers** ein Gemälde, das Kurfürst Max III. Joseph zeigt. Anders als Max Emanuel, der sich als absolutistischer Herrscher inszenierte, ließ sich Max III. Joseph als einer unter vielen im Kreis seiner Familie malen. Max III. Joseph setzte sich für Frieden und Wohl seines Volkes ein und wurde von seinen Untertanen geliebt und geschätzt. In der Mitte des Deckengemäldes schwebt die Meeresnymphe Thetis in einer Muschel über den Wolken.

An das Schlafzimmer schließt sich ein kleiner Eckraum an:
das **Nördliche Kabinett.**

NÖRDLICHE GALERIE

Raum Nr. **6-9**

Über die **Nördliche Galerie** gelangt man zu den Gemächern von Max Emanuel im Nördlichen Pavillon. Kunstvolle Schnitzereien schmücken die Wände der Galerie. Die Gemälde an den Wänden zeigen die Schlossanlage, die Burgen im Park sowie einige weitere Schlösser. Kurfürst Karl Theodor ließ den Galerietrakt um drei Räume auf der Parkseite erweitern. So entstanden 1795 die Räume, die nun die **Schönheitsgalerie Max Emanuels,** das **Wappenzimmer**

◀ *Die* **Schönheitsgalerie Max Emanuels |Nr. 6|** *Neun weitere Porträts verkleideter Hofdamen befinden sich im Schlafzimmer des Kurfürsten.*

Das **Karl-Theodor-Zimmer |Nr. 2|** *Die beiden Porträts zeigen Kurfürst Karl-Theodor als Großmeister des Ritterordens der Georgier sowie seine erste Frau*
▼ *Elisabeth Auguste von Pfalz-Sulzbach.*

ınd das **Karl-Theodor-Zimmer** ›eherbergen.

In der **Schönheitsgalerie Max Emanuels** sind fünf Porträts von Damen vom Hof des Sonnenkönigs, Ludwig XIV., untergebracht.

Das **Wappenzimmer** ist elegant mit Pariser Sesseln aus der Zeit des Frühklassizismus sowie mit zwei Münchener Rokoko-Tischchen ausgestattet. Kostbare Knüpfteppiche zieren die Wände.

SÜDFLÜGEL

Raum Nr. **10-20**

Im Südflügel der Schlossanlage sind die **Appartements der Kurfürstin und der Königin** untergebracht. Die offiziellen Gemächer der Kurfürstin befinden sich - gegenüber denen des Kurfürsten - im Mittelbau und sind über die **Südliche Galerie** mit dem Wohnappartement der Königin im **Südlichen Pavillon** verbunden.

APPARTEMENT *DER* KURFÜRSTIN

Raum Nr. 10 - 13

Genau wie das Appartement des Kurfürsten bestand das der Kurfürstin aus einer Raumfolge aus **Vorzimmer, Audienzzimmer** und **Schlafzimmer.** Auch hier schloss sich ein kleines Eckkabinett an das Schlafzimmer an: das sog. **Chinesische Lackkabinett.**

Das Deckengemälde im Schlafzimmer ist der Blütengöttin Flora gewidmet, die umgeben von Putten in einer Wolke schwebt.

Das **Schlafzimmer |Nr. 12|** *Kostbarer grüner Damast spannt sich über die Wände des Raumes. Das fürstliche Bett misst 2,30 m x 2,10 m – der hohe grüne Baldachin mit den silbernen Stickereien ist noch original erhalten.*

➤ *Kostbares Dekor ziert die Gemächer der Königin.*

Ein Hauch von Exotik – 1763/64 wurde das **Chinesische Lackkabinett |Nr. 13|** *im Appartement der Kurfürstin umgestaltet und mit prachtvollen Stuckelementen an der Decke sowie einer Wandverkleidung aus original ostasiatischen Lackschnittplatten ausgestattet.*

An den mit edlen Stoffen bespannten Wänden des **Vorzimmers** sind zwei Porträts zu sehen. Sie zeigen Karl Albrecht als Kaiser Karl VII. und Maria Amalia, seine Gemahlin.
Die Kaiserin entsprach nicht in jeder Hinsicht den damaligen Vorstellungen der strengen Hofetikette: Sie war nicht nur eine begeisterte Jägerin – zum Leidwesen ihrer Hofdamen durften sich ihre Jagdhunde auch auf den kostbaren Sofas ihres Appartements rekeln.

Das **Audienzzimmer |Nr. 11|** *Das Gemälde an der mittleren Wand zeigt Kurfürst Ferdinand Maria mit seiner Frau Henriette Adelaide. Die beiden ließen 1664 feierlich den Grundstein für Schloss Nymphenburg legen.*

Die Decken von Audienz- und Schlafzimmer stammen noch aus der Gründerzeit.

Im **Audienzzimmer** sind die Wände mit rotem Damast bespannt. Die Ausstattung des Raumes vermittelt einen Eindruck von Pracht und Pomp der damaligen Zeit.

Die Lackmalereien im **Chinesischen Lackkabinett** stellen Szenen aus einem chinesischen Roman aus dem 16. Jh. dar.

Südliche Galerie

Raum Nr. 14-14b

Diese Galerie ist das Pendant zur Nördlichen Galerie und verbindet den Mittelbau mit dem Südlichen Pavillon. Auch sie wurde durch den Anbau von drei weiteren Räumen zur Parkseite hin verbreitert, darunter das kleine **Arbeitszimmer des Kurfürsten Karl-Theodor.** Die Südliche Galerie wurde erst 1760 fertig gestellt.

Zehn Gemälde von kurfürstlichen Schlössern der Umgebung schmücken die Wände der Südlichen Ga-

◀ *Das kleine* **Arbeitszimmer des Kurfürsten Karl-Theodor |Nr. 14 a|**
Königin Karoline nutzte den Raum unter der Herrschaft von Maximilian I. Joseph als Musikzimmer. Die Büste stellt den Kurfürsten Karl -Theodor dar.

▼ **Südliche Galerie |Nr. 14|**

lerie – darunter das neue und das alte Schloss Schleißheim, das Gartenschloss Lustheim und Schloss Dachau mit seinen „hängenden" Gärten.

Max Emanuel hatte ehrgeizige Pläne für Schleißheim: Dort sollte neben dem alten Schloss ein neues entstehen, das selbst Nymphenburg überstrahlen sollte.

SÜDLICHER PAVILLON
MIT SCHÖNHEITSGALERIE

Raum Nr. **15-20**

▲ *Eine verhängnisvolle Affäre –* **Maria Elisa Gilbert,** *die sich als die spanische Tänzerin* **Lola Montez** *ausgab, eroberte rasant das Herz des Königs und spielte an dessen Hoftheater. In kürzester Zeit mischte sie den Hof auf und erhitzte die Gemüter – an ihr schieden sich die Geister: Während sie von Ludwig I. vergöttert wurde, empfand das Volk die Verehrung des alternden Königs als skandalös und blickte mit Missfallen auf die Abenteurerin. Als sie schließlich mit dem Titel „Gräfin von Landfeld" bedacht wurde, löste dies Unruhen bei dem empörten Volk aus. So wurde Lola Montez zum Anlass der Revolution von 1848, wodurch Ludwig sich schließlich zur Abdankung gezwungen sah.*

Im **Südlichen Pavillon** ist das **Appartement der Königin** untergebracht.

Über die Südliche Galerie betritt man den ehemaligen **Speisesaal** der Königin. Der elegante, in Weiß und Gold gehaltene Raum beherbergt die berühmte **Schönheitsgalerie** von Ludwig I.: die Porträts der Frauen, deren Schönheit und Anmut Ludwig I. so beeindruckt hatten, dass er sie malen ließ. Die leicht idealisierten

◄ *Die spanische Tänzerin* **Lola Montez**

Die Gemälde der **Schönheitsgalerie |Nr. 15|** *von Ludwig I. stellen keineswegs eine Sammlung seiner Mätressen dar – der König wollte mit ihnen der Schönheit* ▼ *ein Denkmal setzen.*

Gesichter waren von Ludwigs Vorliebe für etwas dunklere Typen aus Italien oder Griechenland geprägt; gleichzeitig spiegeln sie das Schönheitsideal der damaligen Zeit wider: eine Mischung aus Romantik und Biedermeier.

Der Hofmaler Joseph Stieler fertigte die Bildnisse der Damen zwischen 1827 und 1850 für die Münchener Residenz an – während eines der Porträts abhanden kam, wurden zwei später hinzugefügt.

Appartement der Königin

Raum Nr. 16-20

Als Max Emanuel regierte, logierten in den Gemächern des Südlichen Pavillons die Kurfürstinnen. Später, ab 1807, lebten hier die Königinnen. 1806 bis 1810 wurde dieser Teil des Schlosses für Königin Karoline, die Gattin von Max I. Joseph, dem ersten bayerischen König, umgebaut.

In diesem Teil des Schlosses dominieren klare, klassizistische Linien und die Gemächer der Königin sind edel, aber einfacher ausgestattet. Neben dem Speisezimmer mit der Schönheitsgalerie und dem Maserzimmer gehören das Kabinett, die Kleine Galerie, der Blaue Salon sowie

◄ *Das Mobiliar im* **Blauen Salon |Nr. 19|** *stammt aus Paris – zur Zeit Napoleons war es dort modern, Tische und Sessel mit ägyptischen Motiven anzufertigen.*

Das Schlafzimmer |Nr. 20| *In diesem Raum erblickte der „Märchenkönig" Ludwig II.* ▼ *am 25. August 1845 das Licht der Welt.*

das Schlafzimmer zu den Räumen des Appartements.

Das Mobiliar der königlichen Wohngemächer ist von den Einflüssen des französischen Empire geprägt – außer dem Speisesaal sind alle Räume mit Originalmöbeln eingerichtet.

Die **Kleine Galerie** ist die Fortsetzung der Südlichen Galerie im Südlichen Pavillon. Der schmale, dahinter liegende Raum ist das **Kabinett,** ein kleiner Rückzugsraum. Der **Blaue Salon** und das **Schlafzimmer der Königin** befinden sich auf der Parkseite des Pavillons.

SCHLOSSKAPELLE

RAUM NR. 21

Im äußeren nördlichen Pavillon befindet sich die Kapelle der Schlossanlage. Über dem hohen, rechteckigen Raum mit den geschwungenen Formen prangt ein prachtvolles steinernes Gewölbe mit einer reich verzierten Stuckdecke. Die mit viel Liebe zum Detail angefertigten Fresken zeigen Szenen aus dem Leben von Maria Magdalena. Die Wände sind in Gold und Weiß gehalten; Beichtstuhl und Sitzbänke bestehen ebenso wie im darüber liegenden Chor aus dunklem, schwerem Eichenholz.

Üppige, geschwungene Formen zieren den barocken **Hochaltar**. Der reich mit vergoldeten Schnitzereien verzierte Reliquienschrein vor dem Altar stammt aus der Zeit des Spätrokoko.

Seit dem 14. Jh. beherbergte der Kapellenstock die Magdalenenkirche. 1702 beschloss Max Emanuel, an dieser Stelle eine **Schlosskapelle** zu errichten. Doch durch den spanischen Erbfolgekrieg wurde der Bau für mehr als zehn Jahre unterbrochen. 1715 wurde die Kapelle schließlich feierlich geweiht. Später wurde sie immer wieder ergänzt und umformiert.

▲ *Der* **Hochaltar** *– ein Meisterwerk barocker Kunst: Vor einem mit aufwendigen vergoldeten Schnitzereien eingefassten Rahmen stellen zwei lebensgroße geschnitzte Figuren die Begegnung von Christus mit Maria Magdalena dar.*

Das **Allianzwappen** *von Bayern und Polen* ➤

MARSTALLMUSEUM

Gebäude Nr. **8**

Eine der größten Sammlungen fürstlicher Wagen und Schlitten von Europa beherbergt das Marstallmuseum, das im Kavalierbau am Südflügel des Schlosses untergebracht ist. Einst dienten die Hallen als Stallungen. Doch seit 1952 können dort neben Kutschen und Sänften, Coupés und Landauern auch pompöse Prunkwagen, auf denen sich die Fürsten zu besonderen Anlässen präsentierten, sowie Geschirre und Zaumzeug bewundert werden.

Im Winter war der Schlitten ein beliebtes Fortbewegungs- und Prestigeobjekt: Bei angesagten Festivitäten fuhr man im opulent geschmückten Prunkschlitten vor und ausgedehnte Lustfahrten durch tief verschneite Wiesen und Wälder dienten dem Amüsement der höfischen Gesellschaft. Auch der bayerische Hof verfügte stets über einen umfangreichen Schlittenpark.

Zu den Höhepunkten der Sammlung zählt der große Prunkwagen von Ludwig II., München, 1870/71.

▲

Der **Nymphenschlitten von Ludwig II**. *– die Nymphe auf dem Kasten hält zwei Laternen.*

Führung

durch den

Schlosspark

ÜBERSICHT

ÜBER DIE PARKANLAGE

Durch die Synthese zweier grundverschiedener Gartenformen – eines französischen und eines englischen Teils – ist der Nymphenburger Schlosspark ein außergewöhnliches Beispiel der Landschaftsarchitektur.

Der **französische Teil** wurde ab 1702 von Charles Carbonnet im Stil des französischen Barocks gestaltet; die Natur wurde in klare, gerade Linien und abgezirkelte Kreise mit exakt abgemessenen Abständen gebracht. Baumreihen und Laubengänge sind ebenso wie Wege und Kanäle symmetrisch angeordnet; auf der Symmetrieachse strudeln Fontänen und plätschern Kaskaden. Im Gegensatz zu dem Kanalsystem und den Parterres am Schloss sind die kunstvollen barocken Wasserspiele heute nicht mehr erhalten.

Der **englische Teil** im südlichen und im nördlichen Teil des Schlossparks entstand ab 1799. Dem Gestalter Friedrich Ludwig Sckell schwebte ein weitläufiger Landschaftspark nach englischem Vorbild vor: saftige Wiesen, umgeben von tiefgrünen Wäldern, vor denen klare Seen glitzern. Die Gestaltung der Natur sollte frei und natürlich und nicht wie vom Menschen geordnet wirken.

Monopterus,
Seite 40, Gebäude Nr. 20

Pagodenburg,
Seite 40, Gebäude Nr. 26

Magdalenenklause,
Seite 38, Gebäude Nr. 29

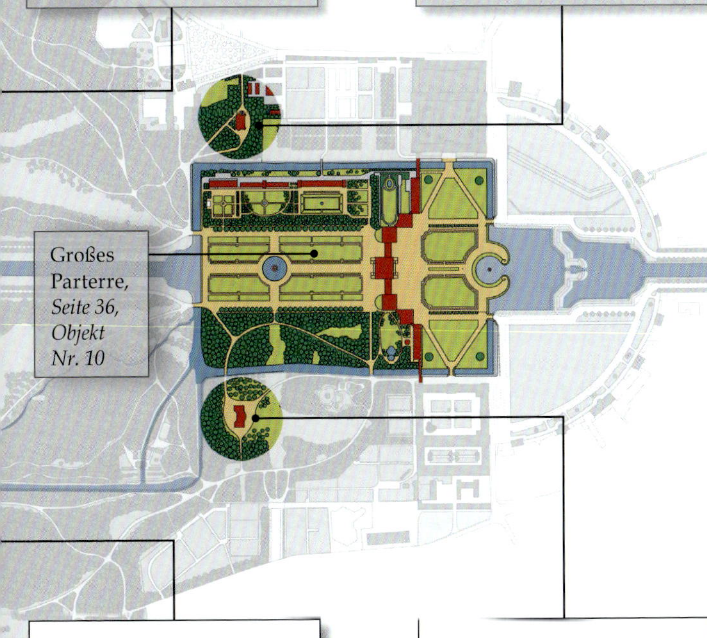

Großes Parterre,
Seite 36, Objekt Nr. 10

Badenburg,
Seite 42, Gebäude Nr. 17

Amalienburg,
Seite 44, Gebäude Nr. 13

Seen *und* Kanalsystem

Ein ausgeklügeltes Kanalsystem durchzieht den gesamten Schlosspark, das Seen und Kaskaden speist und auch die Fontänen mit Wasser versorgt. Der Park wird durch einen Mittelkanal, der mit der Großen Kaskade beginnt, in einen nördlichen und einen südlichen Bereich geteilt.

Fontänen| Auf der Vorder- und Rückseite des Schlosses sprudeln Fontänen, die den ganzen Sommer über große Wassermengen in den Himmel sprühen. Drei Wasserräder sind nötig, um die Wassermassen nach oben zu drücken.

Grosse Kaskade| Von der großen Freitreppe auf der Gartenseite des Schlosses, dem sog. „Point de vue“, blickt man auf die **Große Kaskade.** Majestätische Skulpturen flankieren die Stufen, über die Wasser des Würmkanals nach unten strömt, in einem Bassin aufgefangen wird und von dort aus und über den Mittelkanal bis hin zum Parterre vor dem Schloss geleitet wird.

Kanalsystem| Große Kaskade und Gartenparterre sind über den 800 m langen schnurgeraden Mittelkanal, die

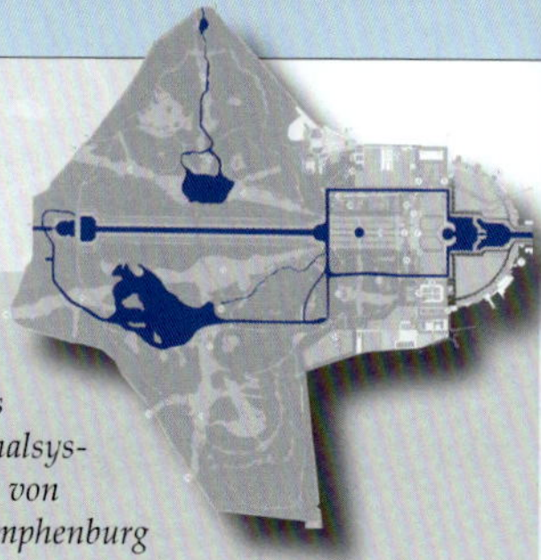

Das Kanalsystem von Nymphenburg

Symmetrie-Achse des Kanalsystems, miteinander verbunden. Alles Wasser, das den Park durchströmt, stammt aus dem Würmkanal. Es speist die rauschenden Kaskaden, die sprudelnden Fontänen und die stillen Parkseen. Im großen Bassin vor dem Gartenparterre sammelt sich das Wasser, bevor es in die Kanäle geleitet wird, die um das Parterre herum und dann unter den beiden Flügeln des Schlosses zur Stadtseite fließen.

Seen| Im nördlichen Teil des Schlossparks glitzert das klare Wasser des **Kleinen Sees**, auch „Pagodenburger See“ genannt. Er speist einen kleinen Fluss, der sich am Parkschlösschen vorbei durch sanft geschwungene, bewaldete Hügel schlängelt.

Der **Große See** mit der Badenburg auf der südlichen Seite der Parkanlage heißt auch „Badenburger See“. Er wird vom Sammelbecken hinter der Großen Kaskade gespeist.

Die Große Kaskade – eine prachtvolle, mit Marmor verkleidete Wassertreppe

Die Große Fontäne – gut durchdachte Wasserkonstruktionen erzeugen in der gesamten Parkanlage eindrucksvolle Effekte.

Grosses Parterre

und Kabinettsgärten

Im **Großen Parterre** flankieren verzierte Vasen und Götterstatuen aus weißem Marmor die Wege. Links und rechts des Mittelwegs bilden jeweils ein Gott und eine Göttin ein Paar: der Zeitgott **Saturn** und die Erdgöttin **Kybele** mit Mauerkrone und Spaten, der römische Göttervater **Jupiter** und seine Gemahlin **Juno** mit Pfau und Spiegel, **Pluto**, der Gott der Unterwelt, mit seinem Höllenhund Zerberus und die Frühlingsgöttin **Proserpina** mit ihrem Zepter und der Eule Asclaphus (ein ehemaliger Diener Plutos, der jedoch in eine Eule verwandelt wurde).

Links und rechts vom Großen Parterre liegen der Nördliche und der **Südliche Kabinettsgarten** vor dem Schloss. Max III. Joseph, der eine Vorliebe für seltene Pflanzen und exotische Vögel hatte, ließ den Südlichen Kabinettsgarten, der vor seinen Gemächern lag, ganz nach seinem Geschmack gestalten. Schon bald

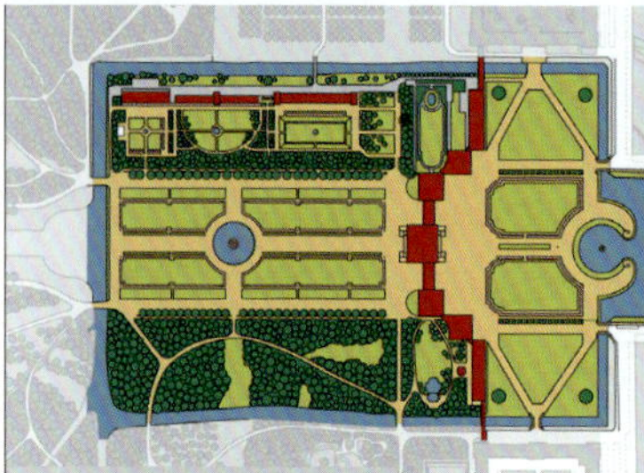

▲ *Das Gartenparterre von Nymphenburg*

wucherten dort seltene Pflanzen und exotische Tiere bevölkerten diesen Teil des Parks: Er ließ eine **Kleine Kaskade** anlegen, in deren Becken er zwei schwarze Schwäne ansiedelte, und ließ 1751 ein **Vogelhaus,** das sog. „Canarihaus", für seine gefiederten Lieblinge errichten.

Auch am Entwurf der **Kleinen Kaskade** war wieder François Cuvilliés d. Ä. beteiligt – sein Sohn stellte diese dann fertig. Zwei marmorne Skulpturen flankieren die Kaskade: auf der einen Seite Satyr mit Bacchus, auf der anderen Leda mit dem Schwan. In der kleinen Mittelnische befindet sich eine Darstellung der Venus.

▲ *Das Große Parterre – an den Ecken der Grünflächen sind Ziervasen aufgestellt. Die Reliefs auf dem weißen Marmor stellen Götter in Gestalt von Putten dar.*

▲ *Die Göttin Juno*

Magdalenenklause

Gebäude Nr. 29

Versteckt in einem kleinen Waldstück hinter dem Großen Parterre lugt die **Magdalenenklause** unter den Bäumen hervor: ein aus groben Ziegeln gemauertes, schmuckloses Gebäude mit Rissen in den Wänden, von denen scheinbar der Putz bröckelt. Die scheinbare Verwahrlosung war gewollt – die Klause sollte für die Unterkunft eines Eremiten stehen und die Vergänglichkeit des vom Menschen Geschaffenen verdeutlichen. An diesem Gebäude sollte alles auf Andacht und Askese ausgerichtet sein. Der Bau des Gebäudes war 1725 von Joseph Effner unter Max Emanuel begonnen worden; drei Jahre später wurde es unter Karl Albrecht fertig gestellt.

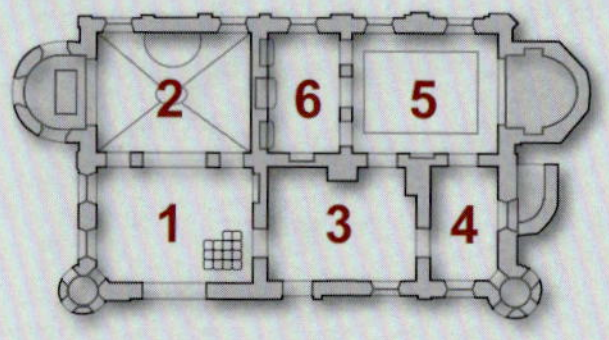

1 | Vestibül
2 | Grottenkapelle
3 | Vorzimmer
4 | Kabinett
5 | Speisesaal mit Bettnische
6 | Gebetsraum

Über die Eingangshalle betritt man die Grottenkapelle, dahinter befindet sich das Appartement des Kurfürsten. Auch die Innenausstattung wirkt nüchtern und strahlt klösterliche Strenge aus: weiß getünchte Wände und schweres Eichenholz. Lediglich das Kruzifix am Altar wird von zwei kostbaren Leuchtern eingefasst.

Bröckelnder Putz und Risse im Mauerwerk – die Magdalenenklause wurde bereits als Ruine erbaut: das scheinbar verwitterte Äußere soll die Vergänglichkeit des Irdischen symbolisieren.

Historische Gewächshäuser | *Objekt Nr. 30*

In dem gepflegten Ziergarten neben dem Parterre waren unter König Max I. im 19. Jh. drei Glashäuser für exotische Pflanzen entstanden: das **Eiserne Haus,** das seltene Gewächse aus Australien, Afrika, Südamerika und Asien beherbergte, das **Geranienhaus,** in dem junge Pflanzen herangezogen wurden, und das **Palmenhaus**, das sich heute als Café großer Beliebtheit erfreut.

▲ *Askese und beschauliche Betrachtung – die Ausstattung mit Kupferstichen und dunkler Eichenholztäfelung wirkt schlicht und streng. Das byzantinische Tafelkreuz gehört zu den kostbarsten Stücken in der Kapelle.*

Pagodenburg

Gebäude Nr. 26

Nördlich des Hauptkanals befindet sich die Pagodenburg. Das elegante Schlösschen mit den Stuckkonsolen und zierlichen Balkons liegt umgeben von einem kleinen Wäldchen am Ufer des Pagodenburger Sees. Auf der dem See abgewandten Seite befindet sich eine hufeisenförmige Bahn: Hier spielte der Hof „Mail", ein entfernt an Golf erinnerndes Spiel. Das Schlösschen war zur Zeit von Max Emanuel, zwischen 1716 und 1718 entstanden – keine 50 Jahre später wurde es im Stil des Rokokos überarbeitet.

Über 2000 bemalte Kacheln aus Holland prangen im Inneren an den Wänden: Die kunstvollen Malereien in Blau und Weiß zeigen neben Landschaften und Gärten auch Figuren. Der geschnitzte Kronleuchter im Erdgeschoss zählt zu den Prachtstücken der Innenausstattung. Rote Lackmalerei auf schwarzer Vertäfelung und bemalte chinesische Seidentapeten verleihen dem Obergeschoss ein apartes, asiatisch anmutendes Gepräge. Mit dem Begriff „Pagode" waren im 18. Jh. die kleinen Götzenbilder auf den Verzierungen des Interieurs gemeint. Diese Räume sind mit kostbarem Pariser Mobiliar ausgestattet.

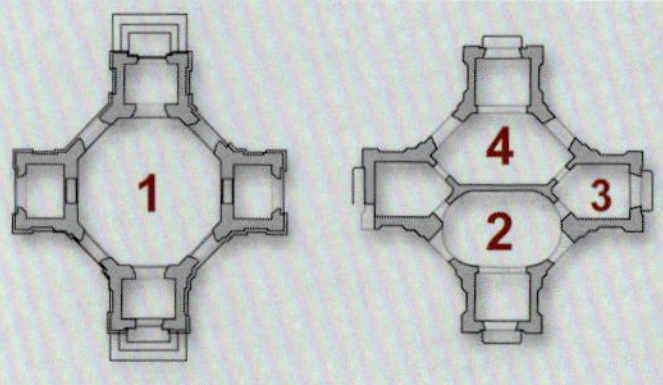

1 | Kleiner Saal
2 | Chinesischer Salon
3 | Chinesisches Kabinett
4 | Ruhezimmer

Entspannung und Vergnügen – hierhin zog man sich zurück, um sich von Sport und Spiel zu erholen oder um Feste im intimen Kreis zu feiern.

Monopteros (Apollotempel) | *Gebäude Nr. 20*

Das markante Gebäude auf einer Halbinsel am Badenburger See ist nahezu von jeder Stelle am Ufer aus zu sehen. Ursprünglich war der **Monopteros** ein hölzerner Rundtempel; Ludwig I. ließ das Gebäude jedoch 1862 – 1865 umbauen. Das kuppelartige Dach wird von zehn Säulen getragen; im Zentrum prangt eine Darstellung von Apollo. Eine Stele in der Mitte des Bauwerks trägt eine Widmung von Ludwig I.

▲ *Apart und exotisch – das Dekor im* **Inneren** *des pavillonartigen Schlösschens: Neben ornamentalen Lackmalereien auf Reistapeten im chinesischen Stil findet sich exquisites Mobiliar.*

BADENBURG

Gebäude Nr. 17

Im Herzen der südlichen Parkhälfte liegt ein kleines Badeschloss, dessen Fassade kunstvolle Stuckelemente zieren. Inspiriert vom Luxus türkischer Bäder ließ Max Emanuel 1718 – 1721 sein eigenes exquisites Bad gestalten: die Badenburg. Im Barock galt sie als eines der schönsten und bequemsten Bäder – die Mitglieder des Hofes konnten inmitten der verschwenderischen Pracht alle Annehmlichkeiten eines Bades genießen.

Die großzügigen Fenster lassen viel Licht in den prachtvollen **Festsaal.** Verschlungene Stuckelemente zieren die Wände; darüber prangt ein herrliches Deckengemälde. Der hohe elegante Saal reicht über zwei Stockwerke. Auch der **Badesaal** ist prachtvoll ausgestattet: Die Wände sind mit bemalten holländischen Kacheln verkleidet, das kunstvolle Gemälde auf der Decke

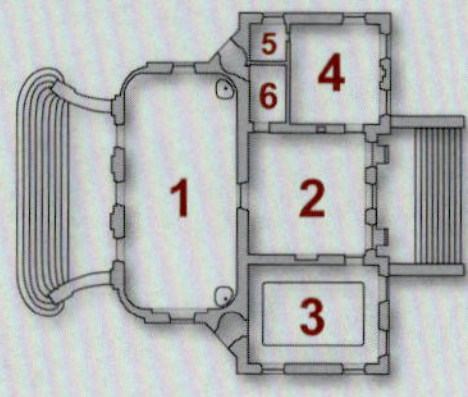

1 | Festsaal
2 | Vorzimmer
3 | Bad
4 | Schlafzimmer
5 | Kabinett
6 | Garderobe

zeigt u. a. Herkules, der einen Felsblock auf die Wassernymphen schleudert. Im unteren Teil des Raums befindet sich das Wasserbecken, im oberen Teil eine mit rotem Stuckmarmor verkleidete Galerie, von der aus Besucher die Badenden beobachten konnten. Im **Appartement des Kurfürsten** beherrschen die dunkle hölzerne Wandvertäfelung und die kunstvollen chinesischen Papiertapeten das Bild. Der kleinste, aber zugleich prachtvollste Raum der Badenburg ist das **„Affenkabinett“**, ein reich ausgestattetes Toiletten- und Schreibkabinett.

Badenburg mit Terrassengarten, einem streng geometrischen Blumenparterre – sprudelnde Fontänen rahmen ein Bassin ein, das mit klarem Wasser gefüllt ist.

GRUPPE DES PAN MIT QUELLE | *Objekt Nr. 16*

Im Osten des Badenburger Sees thront auf einem künstlichen Felsen eine Skulptur des griechischen Hirtengottes Pan: Die Plastik zeigt einen Ziegenbock, der auf der Flöte spielt; aus dem Felsen sprudelt eine Quelle.

▲ *In der Badenburg sprudelte sogar warmes Wasser – das Untergeschoss beherbergt ausgeklügelte Heizanlagen.*

Amalienburg

Gebäude Nr. 13

In einem kleinen Wäldchen neben dem Großen Parterre liegt die Amalienburg – ein liebevoll gestaltetes Rokokoschlösschen.
Die Innenräume sind mit höfischer Eleganz und französischer Raffinesse ausgestattet: Der **Spiegelsaal** ist der prächtigste Raum des kleinen Lustschlosses – ganz in zarten Weiß- und Blautönen gehalten. Die großen Fenster tauchen den von einer flachen Kuppel gekrönten Saal in ein weiches, schimmerndes Licht. Bei rauschenden Bällen und opulenten Tafelfreuden genoss man die Leichtigkeit des Seins.

In der zitronengelben Wand des **Ruhezimmers** ist eine kleine Bettnische untergebracht. Auch das benachbarte **Blaue Kabinett** mit den eleganten, versilberten Schnitzereien und geschnitzten Jagdtrophäen diente als Wohnraum. An den Seiten der **Hundekammer** befanden sich Kojen für die Jagdhunde. Das **Jagdzimmer** mit dem offenen Kamin ist ein kleiner Salon mit Gemälden, die Jagdszenen zeigen. Das benachbarte **Fasanenzimmer** wird auch „Indianisches Kabinett“ genannt – seine Wände sind mit grobem Leinen verkleidet. In der Küche zieren blaue Malereien die holländischen Kacheln: Aufgrund der perfekt ausgestatteten **Küche** wird vermutet, dass hier Amalie selbst gekocht hat.

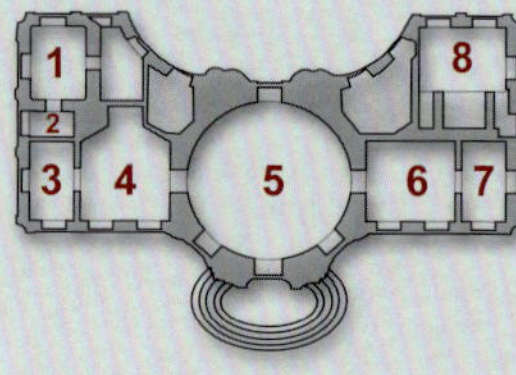

1 | Hundekammer
2 | Retirade
3 | Blaues Kabinett
4 | Ruhezimmer
5 | Spiegelsaal
6 | Jagdzimmer
7 | Fasanenzimmer
8 | Küche

▲ *Klare Linien und edles Dekor – darüber eine kleine Kuppel. Kurfürst Karl Albrecht ließ das kleine Jagdschloss 1734 – 1739 für seine jagdbegeisterte Gattin Maria Amalie errichten.*

Häusergruppe mit Brunnenhaus | *Gebäude Nr. 15*

Ein beliebtes Dekorationselement des Barockgartens war ein „idyllisches Dörfchen“ – wie die Häusergruppe in der Nähe der Amalienburg. Dort steht das Brunnenhaus aus dem 18. Jh.: Die Pumpenanlagen in seinem Inneren lassen die Fontäne im Gartenparterre sprudeln.

▲ *Das Ruhezimmer – mit üppigen Stuckaturen und kunstvollen Schnitzereien an der Wandvertäfelung*

Die Geschichte

um das

Schloss

Ein Sommerschloss *für die* Kurfürstin

Der zweite bayerische Kurfürst Ferdinand Maria schenkte seiner Gattin Henriette Adelaide aus dem Haus Piemont-Savoyen ein riesiges Grundstück. Der Anlass war die nach zehn ungewissen Jahren 1662 erfolgte Geburt des Thronfolgers Max Emanuel. Zwei Jahre später sollte mit dem Bau eines Sommerschlosses begonnen werden, das die Kurfürstin „borgo delle ninfe" nannte.

Henriette Adelaide wählte aus mehreren Plänen den Vorschlag des aus dem heutigen Oberitalien stammenden Architekten Agostino Barelli. Dieser hatte eine Villa in Form eines Kubus entworfen und somit eine damals antiquierte

Das an italienische Renaissancevillen erinnernde Haupthaus wurde nach mehrfachem Umbau zum Zentralbau der Schlossanlage. ➤

11. Juli 1662 | *Geburt des Thronfolgers Max Emanuel. Als Dank erhält Henriette Adelaide das Grundstück, auf dem Schloss Nymphenburg erbaut wird*

. 1650 . | . 1660 . | . 1670 .

22. Juli 1652 | *Trauung Henriette Adelaides und Ferdinand Marias in der Hofkapelle der Residenz*

1664 | *Beginn der Bauarbeiten am „Borgo delle ninfe" unter Agostino Barelli*

Form aufgegriffen, nach der im Italien des 17. Jahrhunderts nur noch in Savoyen Schlösser erbaut wurden. Offensichtlich hing die Prinzessin an ihrer Heimat und wollte in Nymphenburg an das ganz ähnlich geartete Schloss ihres Bruders in der Nähe von Turin erinnert werden.

Henriette Adelaide von Piemont-Savoyen (1636 – 1676)

Henriette Adelaide kam als junge, heitere Prinzessin aus dem prächtigen Turin an den strengen bayerischen Hof, um Ferdinand Maria zu heiraten. Sie zog führende Künstler aus ihrem Heimatland an, um ihr neues Zuhause italienischer zu gestalten. Agostino Barelli gab sie auch den Auftrag, zu Ehren der Geburt ihres Sohnes Max Emanuel die Theatinerkirche zu erbauen, die sich an der römischen Mutterkirche dieses Ordens, San Pietro della Valle, orientierte. Zu dem mit ihr nach München gekommenen Hofstaat gehörten in Bayern einflussreich gewordene Adelsfamilien: unter anderem die Vorfahren Maximilians von Montgelas, der als leitender Minister um 1800 für die umfangreichen Staatsreformen in Bayern verantwortlich war.

1683 | *Max Emanuel wirkt mit am Sieg über die Türken in Wien*

1680 . | . . | . 1700 .

1692 - 1706 | *Max Emanuel wirkt als Statthalter der Niederlande in Brüssel*

Max Emanuels Ausbau nach französischem Vorbild

Max Emanuel ließ die italienische Villa zu einem repräsentativen Jagd- und Sommerschloss umbauen. Der Architekt Henrico Zuccalli, der auch die Pläne für die kurz zuvor begonnenen Schlossbauten in Schleißheim und Lustheim entworfen hatte, leitete die erste von zwei Umbauphasen. Er orientierte sich an dem damals in Holland modernen Stil und begann 1701, das Schloss durch je zwei gestaffelte quadratische Pavillons zu ergänzen und durch Galerien mit dem Adelaidebau zu verbinden. Die Fassade des Kubus erhielt ein neues, barockes Gesicht mit größeren, verzierten Fenstern. Sie ließen den Steinernen Saal, der zu den prächtigsten Festsälen des 18. Jahrhunderts gehörte, in hellem Licht erscheinen. Auf der Westseite ermöglichten sie einen herrlichen Blick auf den barocken Park.

Mit dem spanischen Erbfolgekrieg 1704 endete die erste Umbauphase abrupt. Max Emanuel ging nach Brüssel und musste dann für zehn Jahre ins Exil nach Frankreich. Mit Eindrücken vom Hof Ludwigs XIV. in Versailles kehrte er 1714 nach München zurück. Wenig später wurden die Umbauarbeiten in Nymphenburg mit veränderten Plänen wieder aufgenommen. Unterstützt von dem Brunnenmeister Dominique Girard legte der Architekt Joseph Effner einen Gesamtentwurf für eine repräsentative Sommerresidenz mit ausgedehnter Gartenanlage vor.

Kurfürst Max Emanuel (1662 – 1726)

Mit Max Emanuel, dem Prototypen des bayerischen Barockfürsten, hielten Prunk- und Verschwendungssucht am Hof Einzug. In Nymphenburg und den beiden anderen Lustschlössern Schleißheim und Lustheim richtete er rauschende Feste aus oder lud zu ausgedehnten Jagden. Als er 1701 von Brüssel nach München zurückkehrte, war sein Hofstaat auf rund 2000 Personen angewachsen. Kein Wunde dass dies zusammen mit den enormen Mili tärkosten die Ausgaben in die Höhe trieb. Max Emanuel hinterließ seinem Sohn einen Schuldenberg von etwa 25 Millionen Gulden, an dem Hoffinanziers zu 20 Prozent als Gläubiger beteiligt waren. Die Schuldenlast, von der sich Bayern bis zum Beginn des 19. Jahrhunderts nicht mehr erholte, entsprach etwa dem Zehnfachen der jährlichen Einkünfte.

1701 - 04 | *erste Erweiterungsphase* | *Das Sommerschloss wird unter Henrico Zuccalli weiter ausgebaut.*

10.04.1715 | *Rück kehr Max Emanue nach München*

1700 . . . 1710 . . .

1716 – 19 *Bau der Pagodenburg*

1718 – 21 *Bau der Badenburg*

Seine Pläne orientierten sich am Vorbild von Versailles.

Im 19. Jahrhundert wurden zahlreiche Verzierungen an der Fassde entfernt; geblieben sind jedoch die charakteristischen vier Pilaster, die das Haupthaus von den Pavillons abheben.

Unter Effners Leitung begannen auch die Arbeiten am Marstall und der Orangerie. Zusätzlich ließ Max Emanuel zwei Lustschlösser errichten: Pagodenburg und Badenburg.

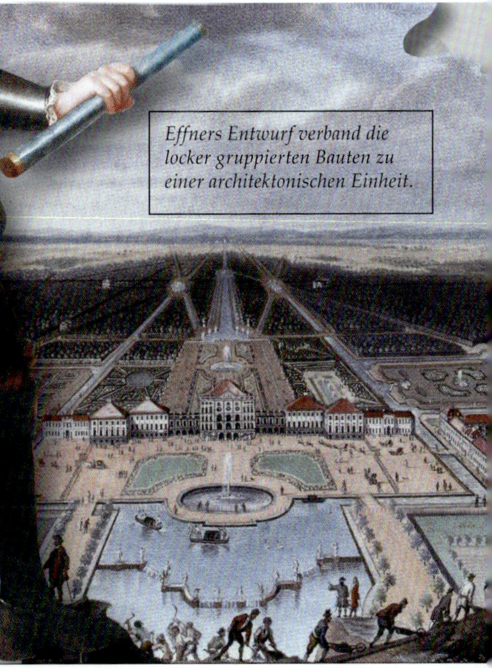

Effners Entwurf verband die locker gruppierten Bauten zu einer architektonischen Einheit.

1725 – 1728 | *Errichtung der Magdalenenklause durch Josef Effner*

1734 – 1739 | *Bau der Amalienburg durch François de Cuvilliés d. Ä.*

1730 … 1740

26. Februar 1726 *Tod Max Emanuels in München*

ERWEITERUNG UND VOLLENDUNG

Kurfürst Karl Albrecht, der 1742 als Karl VII. als einziger Wittelsbacher der frühen Neuzeit zum Kaiser des Heiligen Römischen Reiches Deutscher Nation gekrönt wurde, erweiterte die Schlossanlage noch einmal. Seinen bevorzugten Hofbaumeister, den zum Architekten ausgebildeten François de Cuvilliés d. Ä., beauftragte er, für seine Gattin, die Habsburger Prinzessin Maria Amalie, die Amalienburg zu errichten – eine der prächtigsten Schöpfungen des Rokokos. Auf einem älteren Entwurf Joseph Effners dagegen basierte das von der Karlsruher Schlossanlage inspirierte Schlossrondell mit seinen Pavillons, das mit den Kanälen, Bassins, Grünanlagen und der Fontäne einen weitläufigen Ehrenhof bildet.

Wie alle seine Vorfahren erlebte auch Karl Albrecht die Umsetzung der durch ihn veranlassten Ausbaumaßnahmen nicht mehr. Erst Kurfürst Max III. Joseph schloss die verbliebenen Baulücken im Schlossrondell, ließ Statuen im Garten aufstellen, die Gartenschlösser renovieren und mit dem Hubertussaal im Orangerietrakt neben dem Steinernen Saal einen zweiten Festsaal erbauen.

▲ *Ein beeindruckter Besucher verglich das Schlossrondell 1784 mit einem außerordentlich prächtigen Amphitheater, in dessen Mitte ein herrlicher Palast herrsche.*

Insgesamt gab er Nymphenburg seine heute noch weitgehend erhal-

20. Januar 1745
Tod Kaiser Karl VII. (Karl Albrecht)

1750

12. Februar 1742 | *Krönung Karl Albrechts als Karl VII. zum Kaiser des Heiligen Römischen Reiches Deutscher Nation im Frankfurter Römer*

tene Gestalt. Dass er keine weiteren Ausbaupläne hegte, hing auch mit dem immensen Schuldenberg zusammen, den er von seinen beiden Vorgängern geerbt hatte. Um die Schulden abzubauen, brachte er im letzten, 1758 im Norden des Schlossrondells fertig gestellten Pavillon die für die Fürstenhöfe der damaligen Zeit obligatorische Porzellanmanufaktur unter.

Karl Albrecht (1697 – 1745)

Kurfürst Karl Albrecht erfüllte einen lang gehegten Traum der Wittelsbacher, als er 1742 in Frankfurt zum Kaiser des Heiligen Römischen Reiches Deutscher Nation gekrönt wurde. In die freie Reichsstadt am Main zog er mit dem in Paris gefertigten Prunkwagen ein, der zu den Glanzstücken der Kutschensammlung im Marstallmuseum gehört. Auch Johann Wolfgang von Goethes Mutter ließ sich das Krönungszeremoniell im Frankfurter Römer nicht entgehen. Während sich für sie beim Anblick des erhabenen Kaisers die Welt veränderte, brachte die Kaiserkrone für das bayerische Volk die Schreckensherrschaft habsburgischer Panduren- und Kroatenregimenter. Noch bis ins 20. Jahrhundert erinnerten hieran die Wörter „Pandur" oder „Krawat", die verwendet wurden, um unartige Kinder zu tadeln.

1760 | 1770

1758 | *Vollendung des Schlossrondells und der Orangerie durch Max III. Joseph*

Vom Barockgarten *zum* Landschaftspark

Die späteren Schlossherren Nymphenburgs, die 1806 zu Königen von Bayern erhoben wurden, veränderten die Schlossanlage kaum und beschränkten sich weitgehend auf Innenumbauten. So ließ König Max I. Joseph seine Appartements im Empirestil gestalten und sein Sohn Ludwig I. richtete die berühmte Schönheitsgalerie ein.

Eine grundlegende Verwandlung erfuhr hingegen der aus der Mode gekommene Barockgarten. Friedrich Ludwig Sckell, einer der führenden Gartenarchitekten seiner Zeit, begann 1801, den 1792 für die Allgemeinheit geöffneten Schlosspark 1823 zu einem klassischen Landschaftspark umzugestalten. Vor der Badenburg entstand der große See mit einem hölzernen Rundtempel, den Ludwig I. als bereits abgedankter König 1865 durch den Monopteros, auch Apollotempel genannt, ersetzen ließ. Die Kaskade und den Mittelkanal mit seinen beiden Alleen behielt Sckell ebenso bei wie den aus barocker Zeit stammenden symmetrischen Aufbau des Parks. Innerhalb der beiden diagonalen Achsen wurden allerdings Wiesentäler geschaffen.

Ludwig I. (1786 – 1868) ➤

Ludwig I. sah sich – wie aus seinem Tagebuch hervorgeht – als „Gegenteil seines Vaters" König Max. Da ihn sein Vater für närrisch und überspannt hielt, verheimlichte Ludwig ihm, Gedichte zu schreiben, und verhielt sich ihm gegenüber auch sonst vorsichtig und taktierend.

Dennoch verstand er es, seinen politischen Interessen Geltung zu verschaffen – etwa durch seine liberalen Vorschläge in der Diskussion um die bayerische Verfassung. Antifranzösisch eingestellt, entwickelte Ludwig früh ein nationaldeutsches Bewusstsein und lernte Italien auf mehreren Reisen lieben. Auf Ludwigs ausgeprägtes Interesse an der schönen Damenwelt verweist die bekannte Schönheitsgalerie. Diese Porträts stellen keineswegs eine Sammlung der Mätressen des Königs dar. Lediglich Maria Elisa Gilbert, die als spanische Tänzerin Lola Montez Furore machte, hatte tatsächlich eine Affäre mit Ludwig. In populären Darstellungen gilt der Skandal um Lola als Anlass für seine Abdankung während der 1848er Revolution.

Ludwig, der sich als kunstsinniger König Verdienste um den Ausbau Münchens erwarb und den bayerischen Staatshaushalt wieder in Ordnung brachte, lebte nach seiner Abdankung zurückgezogen in der Villa Ludwigshöhe in der Pfalz.

1801 - 1823 | *Umgestaltung des barocken Schlossgartens zum klassischen Landschaftspark durch Friedrich Ludwig Sckell*

1805 | *Napoleon besucht Schloss Nymphenburg und ist von der Wassertechnik beeindruckt*

1780 . | . 1790 . | . 1800 . | . 1810 . |

1792 | *Öffnung des Schlossparks für die Allgemeinheit*

Der Plan vom Schlosspark nach der Umgestaltung durch Friedrich Ludwig Sckell.

Max IV. Joseph wird als Max I. Joseph erster König von Bayern

1865 | *Bau des Monopteros gegenüber der Badenburg*

1830 . | . 1840 . | . 1850 . | . 1860 . | . 1870

Tägliches Leben

auf dem

Schloss

Die höfische Jagd

Wenn im Sommer- und Jagdschloss Nymphenburg das Jagdhorn erklang, ritt der bayerische Kurfürst mit dem Hirschfänger in der Hand voraus. In gebührendem Abstand folgten die adeligen Kavaliere des Hofes. Sie beobachteten, wie der Fürst den König des Waldes, einen Hirschen, erlegte.

Barocke Jagden waren kein bloßer Zeitvertreib der Adelsgesellschaft, vielmehr symbolisierten sie die Mach der Fürsten. Letztere wurden im Rah men der Vorbereitung auf die späte Regierungsübernahme zu Jägern aus gebildet. Bei der Jagd inszenierten sic barocke Herrscher an der Spitze de adeligen Jagdgefolges als erfolgreich Feldherren. Denn nach zeitgenössische Ansicht war der Fürst ein guter Solda der auch waidmännisches Geschick be wies. Mit der Ausübung des nur der

[...]e Jagd

Im grünen Jagdgewand und mit Perücke ging Maria Amalie vom Schießstand auf dem Dach der Amalienburg ihrer Jagdleidenschaft nach.
Meist schoss sie nicht Rotwild, sondern Fasane. Mit der repräsentativen Funktion der höfischen Jagd hatte dieser Sport jedoch nur wenig zu tun.

[F]ürsten zustehenden obersten Jagdrechts [d]emonstrierte der Landesherr zugleich ein Zugriffsrecht auf Land, Natur und [N]ahrung. Um diese fürstliche Macht [m]öglichst vielen Untertanen zu zeigen, [e]mpfahl die Fürsten- und Hofliteratur [d]es 18. Jahrhunderts ausgedehnte Jag[d]en über große Teile des Landes. Dies [s]piegelt sich in der Malerei wider, die [i]dealisierte Jagdszenen häufig vor der [S]ilhouette einer Residenzstadt abbildet.

Auch den kostbar verzierten Jagdwaffen, den in Silber gefassten Jagdtrophäen oder den prunkvollen Jagdpokalen kam eine wichtige symbolische Bedeutung zu. Sie unterstrichen die soziale Distanz zwischen dem Fürsten mit den Adeligen am Hof und dem Volk, das kein Jagdrecht besaß und sich solche prächtigen Artefakte nicht leisten konnte.

Im 19. Jahrhundert wandelten sich Hofjagden - insbesondere unter Ludwig I., der kein Jagdliebhaber war - allmählich zum Ort politischer Kommunikation. Allerdings nutzte der König die Jagd auch, um unliebsame Personen mit Geringschätzung zu strafen.
Als Ludwig noch Kronprinz war, zersprang Heinrich Aloys von Reigersberg, dem Justizminister seines Vaters, einst bei einer Hofjagd der Gewehrlauf: Ein Stück Eisen riss ihm den linken Daumen ab. Während die gesamte Jagdgesellschaft sofort aufhörte zu schießen und sich um den Verletzten kümmerte, knallte der Kronprinz weiter, bis ihm Einhalt geboten wurde. Bei seiner Regierungsübernahme entließ Ludwig den damals verunglückten Reichsgrafen, dessen Art ihm immer missfallen hatte und mit dem er sich erst im hohen Alter aussöhnte.

Hochzeit in Nymphenburg

Ein eindrucksvolles Gefolge mit Kutschen und Pferden hielt am späten Abend des 29. Oktobers 1722 in Schloss Nymphenburg Einzug. Vor dem Schloss und im Park waren unzählige Lampen aufgestellt worden, um den frisch vermählten Kurprinzen Karl Albrecht und seine Braut Maria Amalie von Habsburg gebührend zu empfangen. Als sich die Kolonne von Kutschen mit den geladenen Gästen näherte, erklang liebliche Musik. Vor dem großen Wasserfall kreuzten die Wagen und die Hochzeitsgesellschaft konnte sich im hellen Schein der nächtlichen Illumination erkennen und begrüßen. Dann begab man sich in den Steinernen Saal, die Musiker begannen ihr Spiel und der Hof speiste und tanzte vor den Augen einer schaulustigen Öffentlichkeit fast die ganze Nacht.

Das Nachtmahl in Nymphenburg war nur eine der zahlreichen, zwei Wochen andauernden Festivitäten, di

BURG

Beim Kegelspiel am Labyrinth, das sich bei der Pagodenburg befand, kam es darauf an, mit der Kugel, die an einer Kette hing, möglichst viele der Kegel zwischen den Bögen umzustoßen. Es war eine von mehreren Sporteinrichtungen in Nymphenburg und dokumentiert damit ähnlich wie Ballhäuser, dass Sport entgegen einem weit verbreiteten Vorurteil eine wichtige Rolle in der höfischen Gesellschaft der Vormoderne spielte.

nlässlich der Hochzeit in ganz Mün-hen ausgerichtet wurden. Bereits am 17.)ktober hatte die Stadt das Brautpaar nit Ehrenpforten empfangen, die an erschiedenen Plätzen errichtet worlen waren. Darüber hinaus wurde die Hochzeitsgesellschaft in die Residenz owie in die Oper und zum großen Ball gebeten und die Kavaliere übten ich beim Ritterturnier. In Schleißheim, ustheim, Dachau und Nymphenburg lies man zur Jagd. In den Starnberger See, dessen Wasser das Nymphenburger Kanalsystem speist, trieb man Hirsche, um sie von der Bucintauro aus, dem Paradeschiff der bayerischen Flotte, zu erlegen.

Durch die ausgedehnten Feierlichkeiten sollte die künftige Kurfürstin nicht nur ihren Untertanen vorgestellt werden, sondern sich auch mit ihrer neuen Umgebung vertraut machen. Zu diesem Zweck schien Nymphenburg besonders gut geeignet: Am Tag nach dem Nachtessen besichtigte die Braut Schloss und Park. Sie besah die Räumlichkeiten, vergnügte sich beim Pass-Spiel und ruhte sich in der Pagodenburg aus, wohin sie mit einem zweispännigen Wagen gefahren wurde. Dann besichtigte sie die Große Kaskade und den künstlichen Wasserfall, fuhr in die barocke Badenburg und verirrte sich abschließend im Labyrinth. Als sich die Braut – die am prunkvollen Kaiserhof in Wien aufgewachsen war – tief beeindruckt von der großen Pracht in Nymphenburg zeigte, war es auch schon Zeit für das Abendessen. Die Hochzeitsgesellschaft begab sich in den Steinernen Saal, wo inzwischen eine Bühne aufgebaut worden war und ein Schäferstück die Tafel bis in den späten Abend hinein vergnügte.

Die Wasserversorgung

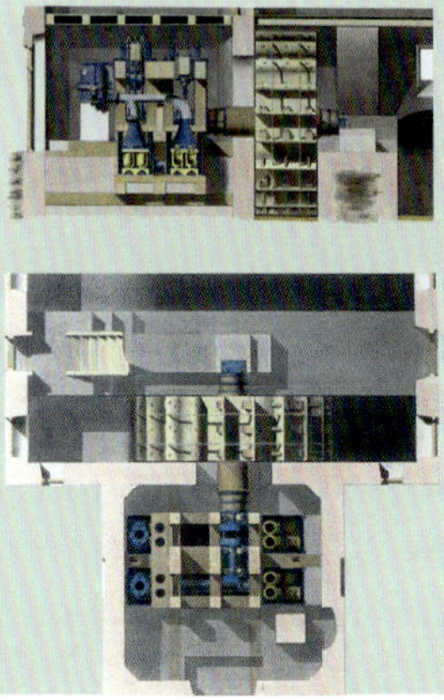

Das Grüne Brunnenhaus: Entwürfe Baaders für das Westliche Pumpwerk.

Das Grüne Brunnenhaus: Schnitt durch die Wassertürme.

Wasserspiele waren eine besondere Attraktion an den europäischen Fürstenhöfen des 18. Jahrhunderts. Versailles gab hier den Ton an, doch in Nymphenburg versetzte eine sonst nirgendwo zu findende Häufung von Kaskaden und Fontänen auf kleinstem Raum den Hofadel ins Staunen. Gegen Ende des 18. Jahrhunderts erwähnt ein Inventar mehr als 600 „laufende und springende" Wasser im Park des Schlosses, deren Prunkstück die heute nicht mehr erhaltene Florafontäne war.

Um die Fontänen zu erzeugen, waren aufwendige technische Installationen nötig. Max Emanuel holte deshalb Dominique Girard, den Fontänenmeister des französischen Königs nach München und ließ im **Grüne[n] Brunnhaus** und im Johannisbrunnhaus Türme mit Wasserbehältern erric[h]ten. Laut knarzende hölzerne Pumpmaschinen beförderten das Wasser nac[h] oben, das so den notwendigen Druc[k] erreichte, um über ein unterirdische[s] Leitungsnetz die verschiedenen Sprin[g]strahlen zu erzeugen.

Der Ingenieur Franz von Baade[r] erneuerte die barocken Anlage[n] zu Beginn des 19. Jahrhunderts durc[h] **Pumpen mit Wasserrädern, Wind[…]kessel und Kolben.** 1803 ging da[s] Pumpwerk im Grünen Brunnhaus i[n] Betrieb, seit 1808 arbeitete eine noc[h] leistungsfähigere Anlage im Johan[n]isbrunnhaus. Baaders Pumpanla[…]

RGUNG

Das Grüne Brunnenhaus: Schnitt durch das Pumpwerk.

gen, die zu den ältesten ständig in Betrieb befindlichen Maschinen Europas zählen, erlauben es einerseits, einen gleichmäßigen Druck und viel höhere Fontänen zu erzeugen, und arbeiten andererseits deutlich leiser als die barocken Pumpmaschinen, über deren Lärm sich die Zeitgenossen beschwerten. Dank der neuen Konstruktion wurden auch die Wassertürme überflüssig. Nymphenburg verfügte nun über die wasserreichsten Fontänen Europas, die eine Höhe von 8 bis 10 Metern erreichten. Als Napoleon 1805 das Schloss besichtigte, bewunderte er das Meisterwerk Baaders und beauftragte ihn, ähnliche Maschinen in Versailles zu errichten – ein Auftrag, der jedoch niemals verwirklicht wurde.

Das Pumpwerk

im Johannisbrunnhaus

Mit einer Leistung von 60 Litern Wasser pro Sekunde ist das heute noch in Betrieb befindliche Pumpwerk im Johannisbrunnhaus noch leistungsfähiger als die 1803 eröffnete Pumpanlage im Grünen Brunnhaus im kleinen Dörfchen. Sie betreibt die große Fontäne im Vorhof des Schlosses.

Unterirdisch zufließendes Wasser aus dem nahe gelegenen Kanal läuft in einen Wasserkasten und versetzt die drei Wasserräder mit ihren 30 Radschaufeln in Bewegung. Mit Steuerungsscheiben und Balancierstangen treibt jedes Rad zwei Waagebalken an, an deren Enden jeweils zwei Pumpenkolben angebracht sind. Diese Kolben saugen das Wasser, dessen Menge über drei mechanisch verstellbare Bodenklappen regulierbar ist, während der Aufwärtsbewegung an und drücken es bei der Abwärtsbewegung weg. Um einen gleichmäßigen Wasserdruck und damit eine gleich bleibende Fontänenhöhe zu erzeugen, arbeiten die Pumpen zeitlich versetzt. Zwischen den Waagebalken sind auf jeder Seite zwei zylindrische Windkessel eingebaut, in denen das zugepumpte Wasser Luft komprimiert. Die Windkessel verstärken den Wasserdruck für die Fontäne und gleichen Druckschwankungen aus.

Schlossanlage Nymphenburg

24| Nördlicher Durchblick
25| Pagodenburger See
26| Pagodenburg
27| Pagodenburger Tal mit Kugelweiher
28| Ehemalige Ökonomie (Betriebshof)
29| Magdalenenklause
30| Historische Pflanzenhäuser
31| Nördlicher Kabinettsgarten
32| Gärtnerei mit historischem Treibhaus
33| Durchgang zum Botanischen Garten
34| Durchblick an der Parkmauer

16| Plastik des Pan mit Quelle
17| Badenburg
18| Löwental
19| Badenburger See
20| Monopteros
21| Südlicher Durchblick
22| Große Kaskade
23| Mittelkanal